OFICIO DE CALLAR

JOSÉ LUIS MORANTE

OFICIO DE CALLAR

axiales
COLECCIÓN

© Añil desarrollo gráfico, S. L.
Mahalta ediciones es un sello editorial de Añil desarrollo gráfico, S. L.
www.anil.es
www.mahalta.es

Colección Axiales n.º 3
Primera edición: abril 2026

ISBN: 979-13-991642-3-7
Depósito Legal: CR 310-2026

Impreso en España
Diseño y maquetación: Añil desarrollo gráfico, S. L.
Impresión: Safekat, S. L.

Para quien entreabre conmigo las palabras

Nadie toleraría la vida sin vidas prestadas,
la propia no basta

ELIAS CANETTI

La simplificación de una cosa es siempre algo extraordinario

G. K. CHESTERTON

De la verdad la búsqueda, el merodeo, los pasos inseguros que rozan la caída, el incansable oficio de callar.

Los demás coleccionan supuestos de mí, pero yo casi nunca confirmo los indicios.

Extremó la prudencia verbal; no adelanta palabras si no es en presencia de su diccionario.

Afronta que los pensamientos son tablas escénicas dispuestas a la ocultación.

En esencia el cerebro maduro contiene dos ideas, pero su lejanía es tan palmaria que entre ellas se expanden sistemas filosóficos.

Escrita, con tinta invisible, sobre osamenta y musculatura, el cuerpo disimula su condición de fraude.

El silencio padece de argumentación prolija.

Sobre la floración sentimental, el puño cerrado de quien corta rosas.

Consume una pobreza hospitalaria, capaz de regalar un viejo catre de faquir.

Coloca minucias ante el ventilador para que vuelen espejismos de brisa litoral.

Su ideología rompe a martillazos la pecera para que los peces sean libres.

Bajo el limo, en las honduras de la ambigüedad, la superpoblación de anfibios.

El silencio mantiene una precintada fuerza de convicción. Sabe quién responde cuando nadie llama.

Cuando los hechos mueren percibimos el rastro compensatorio: las nubes volanderas de efectos secundarios.

Pertenezco al tropel inconfundible de los solitarios. En mí, la vocación de ignorancia. El nada sé de quienes no saben.

Tras la decepción, los deseos internos alquilan emplazamientos periféricos, esperan días de niebla para volver al centro.

Poco a poco comparten territorios imaginarios; después engullen con voracidad el pasado común, la vida ficcional de los personajes.

Energía, al levantarse de la cama, para salvar la galaxia. Toca el suelo y ve en su pie desnudo la inminencia de una revolución pendiente.

Para las sombras del pasado la eficacia y esplendor de la linterna no podrán nunca sustituir el manso goteo de la cera.

Argumentos que sostienen la mirada de la religión para criticar su estrechez de miras.

Hay que deletrear lo que fuimos con humildad, como se lee el argumento de un vaso de agua.

Tras el estupor, más allá del derrumbe, la fruta abierta de los gestos: quien siembra cenizas sobre la carencia y quien busca rescoldos.

En el sótano a oscuras divagaba mucho sobre alta cultura.

Cuando explico mis apagamientos afectivos, tengo la sospecha de que mis razones padecen de afonía.

Antes de leer a Jorge Luis Borges todos éramos estatuas de sal.

Dentro, una colonia de tenias intestinales. Tras años de hibernación, su humildad evidencia una ostensible pérdida de peso.

Oscar Wilde exigía a la escritura la tarea de librarse de sus fantasmas. Yo alquilo sitio a sus apariciones —me enseñó Julio Ramón Ribeyro— para que tengan en mí un largo recorrido.

Tras la ducha, la carne terrosa se hace materia líquida en el espejo. Soy disolución de gotas y vapor.

Andarse por las ramas; ser aplicados propagandistas de vocales y consonantes en la corteza arbórea de la literatura.

Las arrugas mantienen una belleza publicitaria. En el temblor de la epidermis, como procesos convergentes e irreductibles, los pliegues, la cicatriz y las asimetrías de manchas y lunares.

Hablamos mucho, con una inagotable voluntad de derivas.

Los ideales independentistas imponen el desarraigo.
Transforman la casa del padre en tierra extraña.

Abrazos lapidarios, roce cavando dudas y certezas bajo
los pies.

Las sombras requieren interpretaciones imaginativas
entre el bullicio de los monstruos silentes.

Coherencia; ningún pretexto de monotonía, soy el
principio de nada.

En sus mejores momentos tenía mal carácter.

La rutina ama el desconcierto, sienta medio cuerpo en
el bordillo del caos.

En la fase del balbuceo, el escribidor alza su enanismo sobre pedestales transparentes.

Los nómadas saben que los itinerarios por definir son la sala de espera del regreso.

El escritor a lomos del homenaje, más que a Don Quijote, recuerda a Sancho.

Conciencia de la edad; cada vez, en mi diccionario personal, tengo más acepciones sentimentales en desuso.

Tantear el camino exige habitar resquicios, ser moradores del extravío.

La inteligencia se siente un personaje de ficción a quien algunos sujetos excéntricos buscan, detrás de la piel arrugada del sentido común.

En los insomnios, el silencio mantiene una virulenta fuerza verbal.

El número impar de su matrimonio acecha el contraluz de la tristeza.

En el frío y la oscuridad de la vejez, la sobremesa habitual preserva los diálogos con la carcoma.

Su materia gris despeja dudas con la musculatura argumentativa del defensa central.

No tengo vocación de sedentario. Escribir es caminar.

El escéptico acumula fragmentos filosos. Cortan de modo aleatorio, pero tampoco creen en sí mismos.

Aliento de vida, como esas casas vacías por las que transita a diario tanta gente.

Aunque parezca nacer de un sustrato lógico, el rencor huele a cuarto de baño de pensión antigua.

Cumplió sesenta y nueve. Carácter juvenil y sueños realzando portentosas anatomías inéditas.

Hay una generosidad periférica que regala a manos llenas lo que no tiene.

El polen en suspensión de la vanidad degrada la lisura dorsal de los espejos.

En el recio grafismo de las rocas, las águilas perciben la posibilidad de hacer nido.

Los besos nacen en el moroso transitar de esas horas, cuando la estética lunar prescinde de ornamentos retóricos.

Tan fuera de contexto como mirar, a solas en Granada, los disfraces de las despedidas de soltero.

Custodiado por el vigilante jurado de la decepción, soy un desertor de casi todo. Salvo de ti.

Sus caricias restriegan.

Críticos minuciosos, tinta entomológica que prodiga matices orales entre la v y la b.

La originalidad imita cristales rotos, que evitan la repetición de trazos.

Si me preguntan por el carácter ideológico de mi escritura, respondo dubitativo: soy una contradicción sedentaria, pero con el pensamiento antiguo de siempre.

El oído externo muestra pereza y no consigue que el oído interno quiera oír.

Curtida largo tiempo y exenta de cansancio, nunca prodiga su maldad en vano.

Hizo del corazón un yacimiento, la parte fósil de su fisiología.

La intuición de los que se equivocan explora estrecheces y atajos en nuevas rutas, también falsas.

El tránsito es duración; instante del aquí y ahora.

Contraste perturbador: también soy otro mientras soy yo.

El civismo de mi vista cansada practica inmersiones pacifistas, empeñadas en desmentir el cuerpo de letra.

La existencia aprende a diluir necesidades; aunque sean humildes, desde cerca parecen abrumadoras.

Simplicidad mediocre, incapaz de ordenar números cardinales.

Grumos, en el afán unitario de la convivencia. Soy yo cuando estamos juntos; pero ellos son otros.

Acampan los gritos y hay que dejar oreándose al sol la decidida voluntad de concordia.

Mi otitis condesciende con respuestas que solo se salvan si no las oigo.

Aspira a ser una miga crecida, encerrada en el pan del estar solo.

Ánimo frío, dispuesto a admitir el saldo manipulativo que se esconde detrás de las palabras.

Querido Gabriel Celaya, «La poesía es un arma cargada de futuro» solo cuando los versos emplean el exacto calibre.

Corrobora a diario un gran poder de síntesis; teoriza sobre el monopolio del no: todo está mal.

Necesito la duda, el buceo y la búsqueda; se ha dicho todo con palabras de otros, pero no por mí. Soy el intento, la dicción apagada del que yerra.

El desatino emocional del ahora ha despojado los sueños de cualquier heráldica.

Las poéticas son epitafios revisables.

Proclama una ideología flotante, un nido en la nube sobre el que no actúa la fuerza de gravedad.

Los fatuos consumen trayectos sin retorno: la estupidez no se cansa, busca andenes más lejos.

Insistencia obsesiva. Una lengua incontrolable que explora el hueco de la pieza dental.

El poeta Ángel González lo advirtió: los cantos de cuartel tienen su epílogo en el coro inmóvil de los cementerios.

Toda memoria colectiva exige una cuota de optimismo biológico.

Encontré tierra firme, pero soy más náufrago.

Ajeno a lo gregario, practica natación con el disfraz de pájaro.

Germinan simultáneos en el huerto feraz de la torpeza el desmentido de teorías y la invención de puntos cardinales.

«Somos o no somos», dice. Y parpadea agotado, como si prodigara gestos épicos.

Qué duro el hueso frío del pesimismo en la escritura de Alejandra Pizarnik: «Pero a mi noche no la mata ningún sol».

Para que nadie mude su pasado, lo cambia de sitio continuamente.

Poco a poco se fue quedando solo; encontró un oficio para el sustento: cría cuervos.

El caos; sinécdoque del poeta Leopoldo María Panero.

Salgo fuera y me paro; el frío de la nieve desovilla su madeja de luz.

Hay palabras que buscan refugio en un oído lleno de lapsus.

Artesano ejemplar, sabe congelar migajas de sus mejores días.

Un pensamiento en forma hace flexiones, desbarata evidencias.

Adivinar el nombre del culpable no da consistencia a la vasija rota.

Cuando la realidad es el único centro, hay que acostumbrarse a vivir en el extrarradio.

En el paraíso, una manzana mordida y la mirada oscura del reptil.

El cristal roto dispersa fragmentos que nadie puede restaurar; el aforismo es un artesano optimista; vuelve a intentarlo.

A más impotencia física, más potencia verbal.

El gesto inane de esas tardes crepusculares que miran con cara de «yo no he sido».

Hay geografías que no requieren brújula y solo se disfrutan con el caminar del pensamiento.

Insistir; hacer las mismas preguntas dentro y fuera de cada conciencia.

Los espejos escalan las vertientes del yo.

Último refugio de la épica contemporánea, me he apuntado al gimnasio.

El prudente convierte en coma cada punto final.

Por la otra acera, el taconeo verbal de los que escriben para catedráticos.

Ese empeño en acaparar bocanadas de aire bajo el agua.

Rastrea su merecido lugar en el vértice, quiere unirse a cualquier hipotenusa.

Los parques están llenos de bancos a la espera, imitan confidentes divanes de psiquiatría al aire libre.

En agosto, bajo la tumbona y frente al mar, es difícil percibir qué sentido empleamos.

Hay matrimonios en los que la opinión del otro es solo el escombro galáctico de un agujero negro.

Vate, poetisa, rapsoda... Glosolalia que huele a alcanfor.

Hay lectores con actitudes de policía científica; más que argumentos, husmean la mano cómplice de las notas a pie de página.

Cuántos prejuicios despliegan los exigentes para no exigirse.

Una amistad fallida; todo abrazo es la carencia de un páramo deshabitado.

Entre el poema escrito y el poema mental se abre una penosa distancia que el zapato recorre a pie de folio.

También en la playa el remanente de sombras, ese que no cree en la superficie y mira el azul con frialdad de anatomista.

Cuantas arquitecturas de esperanza migratoria concita el sustantivo Futuro

Fecunda voces con el fervor insuficiente de quien no sabe.

El crítico colérico hace de cada lectura una fumigación, un estrago, una quema de rastrojos dispuesta a provocar incendios.

¿Existir?, una ventisca que ocurrió una vez. Pero adónde.

La urgencia exige al árbol un germinar espontáneo.

Las certezas mueren cuando se vuelven amasijos de crispaciones ideológicas.

Aquel cumpleaños descubrió que el tiempo es una esfinge sin secreto, aunque simula sabor a eternidad.

La naturaleza escribe un tratado de proporción, sosiego y simetría donde el hombre recicla erratas.

Se desconoce. Cualquier dato que asoma en sus diarios es la fresca savia de la narrativa ficcional.

Los calendarios reclutan fuerzas de compensación: al día horrible sucede otro peor.

Salen de viaje. Guarda la quietud de la casa un presente pequeño, inadvertido, con respiración asmática.

La minúscula orfandad del aforismo esconde la algarabía de un mercado medieval.

Si la estupidez se perfila con trazos hiperrealistas ante los ojos ajenos, para quien la guarda en sus espejos resulta invisible. Es un pálpito lejano, desconocido.

Viste un rencor anticuado, de talla grande y con lamparones disonantes.

Mis consejos no incordian su voluntad de analizar los engranajes de la piedra.

Admiro y me rebasa esa aspiración biográfica: ser consecuente a diario con el absurdo.

Tentación reiterativa del aforismo: la soberbia verbal.

Sostiene el tiempo un cónclave de ruinas. El vencido equilibrio de la arqueología.

La bélica gravedad del no se transformó en un monolito con alambradas y en pie de guerra.

Escribir poesía regala coartadas para convertir arena movediza en tierra firme.

Tiene enésimas versiones de su identidad. Y ninguna sabe despejar la penumbra.

Los sueños con gesticulación grotesca son huérfanos perdidos que no saben despertar.

Nunca repudio las matemáticas. Sé que mi vacío existencial es un balance de sumas y restas.

La libertad recuerda un tendido de cables que, para evitar cortocircuitos, se despliega desde un poste a otro poste, como un cordón umbilical.

El pesimismo confunde vida y supervivencia, ve en la aurora una puesta de sol.

Le gusta mirar niebla; es un visitante ocasional en la aldea de la claridad.

La mentira, líquido pegajoso, se adhiere al paladar y tiene el insistente mal aliento de una resaca.

Su belleza imita un telar de orfebrería; recuerda una construcción paciente que pone sobrepeso en los espejos.

Zarandea el dolor. En su estela de pasos suplicantes la escritura se hace sonámbula.

Envidia: sentimiento punzante que busca hondura sólida en la cicatriz.

Varado ahí, en la acera más próxima, dispuesto a ofrecer soluciones equivocadas.

El exceso de conciencia dilata la luz, recuerda la sacudida de un vendaval que funde los plomos.

Inabarcable en sus límites, el absurdo se transforma en un cuenco vacío que desconoce la profundidad.

La sensatez cuelga crepúsculos; transforma el deseo en cortesía.

Conozco inteligencias ateridas, sin combustible, que necesitan realizar escalas técnicas para ponerse de nuevo a funcionar.

Arropado en un optimismo creciente, descubre en el insulto conversaciones amicales.

Dueño de un tambor de hojalata, acompasa entrenamientos diarios para ejercer la crítica con guantes de boxeo.

Los ojos abiertos de la rutina tienen vocación de complejidad.

Hay afectos antiguos que llaman a deshora, desde el fondo de la memoria, y huelen a sótano.

Naturaleza anfibia de las aristas. Con su boca silente, unen y cortan.

Era una belleza imperceptible; su perfil tenía el tacto de una rosa de piedra.

Atado al margen de certezas y dogmas, no busca respuestas sino eriales de preguntas.

Prodiga explicaciones hirsutas para callar verdades.

Los poemas son archivos encriptados, incapaces de encubrir lo humano.

Letras ilegibles. Un discurso poblado de fantasmas verbales.

La verdad elige la nada como último refugio para subsistir.

El encono solo necesita para sus quehaceres el respaldo del odio.

El amor en los parques tiene una silueta fisiológica, con los trazos torpes de la elegía.

De los que buscan sitio en propiedad, para que la razón recobre su altura vertical.

El espacio de la felicidad aspira a minifundio.

Los destiempos verbales convierten el adjetivo en jornalero inútil.

Ecología de humo en clave práctica: para evitar incendios prohibió los bosques.

Confía mucho en la coherencia argumental del insulto y en su capacidad de mercenario.

En ellos la ternura suena a dialecto regional.

El eficaz blindaje del ensimismamiento oculta una corrección necesaria: la vida queda fuera, en otro hemistiquio.

Las amistades que tienden a la fuga imprevista protagonizan episodios de folletín.

Viste una humildad de tejido ligero, repleta de falsificaciones.

La identidad contiene anaqueles ocultos para depositar los fantasmas larvarios, la misteriosa población de Comala.

En su desabrido estado mental la inteligencia suena a neologismo.

Antes la universidad era el laboratorio de la materia gris. Ahora abundan en sus instalaciones los defectos de diseño.

Solo fija la mirada de esfinge para recorrer una planicie de incompetencias ajenas.

Si yerra, pasea la culpa por la senda escindida de la tercera persona.

Sé que la psicología es compleja y sin límites. Desconozco por qué sobrevive en ella la enajenación del paciente.

Hay silencios verbosos, discursivos, que no saben escuchar a quien se calla.

Tos con pretensiones orquestales.

Cuando la anatomía expandida del ego encuentra sitio, encalla un ombligo planetario, que solo ilumina desde el centro.

Hospitalidad crítica: concede el derecho de admisión a los aforismos con formato defectuoso.

De noche, para volver a casa, se guía por el resplandor de una luciérnaga.

El neurótico practica la horticultura clandestina; siembra frutos de angustia para consumo propio.

La cita es la farmacia de guardia de una inteligencia en paradero desconocido.

Miguel de Unamuno creía en la infinitud de lo individual, en ese territorio que se expande hacia un desierto interior.

Un profesional del estado de alarma de la insatisfacción: con tiempo suficiente, todo lo ajeno es mejorable.

La tregua doméstica del matrimonio imita un periodo de entreguerras entre ella y él.

El verano compensa la fealdad con trabajados mecanismos internos de sol y playa.

Tantas manos en el empeño de abrir puertas cuando las paredes son una quimera sin cerradura.

Percibí en su dedicatoria una caricia de ortigas.

Cuento las vísceras; se movilizan cada día a la hora del almuerzo.

Naturalidad sosegada; como el fantasma que recorre con aplomo la arquitectura de una pesadilla.

Cuántos asideros tiene la nada.

Se ilumina su vida, cuando es de noche.

El ruido en el pensamiento, más allá de la
extravagancia verbal.

Esa paradoja de la identidad que permite no saber quién
soy y saber quién no soy.

La desconfianza abre un túnel de solitarios ecos,
promueve el desnudo cautelar del afecto.

Llego a una edad en la que las razones de peso se
convierten en razones de paso.

Clave de la indolencia: prepara mucho la entonación.

El intelecto aforístico oye desde lejos y duerme con los ojos abiertos.

Encanecido se dio cuenta de que usaba gafas con cristales opacos.

Los sentimientos son operaciones aritméticas que necesitan lapicero y borrador.

Dejamos de ser cuando descubrió que no había nadie en el interior de la palabra amigo.

Tenía una identidad rocosa. Era la piedra que hace inútil la lluvia.

Entre el pasado y el ahora nunca existen conversaciones estériles.

La energía inerte contiene un voluntarismo espontáneo, dispuesto a trabajar en el futuro.

Yo no fui la excepción. Como ellos, tardé en comprender que el todo esquivo es nada.

El amanecer asedia con el afán beligerante de un mosquito nocturno.

Dicta su actitud la página biológica: el afán de carroña.

Cualquier paraíso en la otra esquina abre fronteras y difunde simpatía exótica.

Cuánta perfección formal en las asimetrías del
hormiguero.

La sublimación ideal del crítico maltratador de libros es
descubrir en cada página una conjunción de defectos.

La carencia de afectos huele a playa en invierno, al
tacto de arena de la neurosis.

Los protagonistas de la corrupción llevan vidas de
fábulas sin moraleja.

Guarda el inaudible son de la tristeza en el armario de
la noche porque sabe cómo se corrige el error de estar
vivo.

Polen ingrávido, la verdad se desplaza de continuo, empujada por el menor soplo.

Hay una edad donde no es preciso apuntar nada porque todo se mezcla en el patio umbrío del ahora.

Azuzado por el afán creativo, inventa a diario otros puntos cardinales.

La capacidad de interrogación del tiempo no concede respuestas, pero ayuda a formular las preguntas con mano tangencial.

Existe un orden doméstico que convierte la vida diaria en una hoja de contabilidad.

En el aforismo, el callado sigilo de las raíces, el olor a incendio.

Como las entrañas de una digestión de sobremesa, piensa el azar que todo está en su sitio.

La desbocada maquinaria de algunos sueños necesita talleres de reparación.

Muy fácil reconocer su cercanía; los rasgos caracteriales no tienen ningún parecido con la ética.

Hay adjetivos que dañan la piel de los sustantivos.

Al caer la luz, cuando se mece el vacío, esperan la germinación de sueños frescos.

El optimismo testarudo escupe sangre, aunque nunca
se rinde sin disputar el último harapo.

Incluso cuando duerme, la losa de su odio se
transparenta.

Mantengo una relación ocasional con la noche oscura
de mi inteligencia.

Trato amable, improvisado, que hay que digerir como
quien come pescado con espinas.

Los relojes al despertar echan de menos el ambiente
nocturno de una realidad con textura onírica.

Hablo a diario con los titulares de prensa, un asedio de
época donde se desgañita el sentimentalismo reflexivo.

Perdida en las aceras de lo doméstico, concebía el matrimonio como una operación aritmética. Terminó restando.

En las visitas al museo son multitud los que examinan marcos con obstinación.

La ideología que no soporta los deshielos del tiempo se convierte en una calavera verbal.

En la sensatez hay cuartos con luz baja. En ellos duerme la apatía.

Hormigas y secuoyas; lo real concede la fugaz sensación de navegar en aguas de un mar que abarca todo.

La cristalización sensorial del paisaje muda en un soleado patrimonio afectivo.

Como una sombra que deambula, él solo fue el núcleo mudo de la historia. Ella escribió el prólogo y dictó el epílogo.

Hay reencuentros casuales con viejos amigos que protagonizan otros.

Cuántos buitres en círculo dependen de la lúgubre economía del vertedero.

Nunca contradigo a los voluntarios que aspira a poner su granito de arena sobre mis escombros.

En el jardín, con voz enfática, diálogo socrático entre el mirlo y la higuera. El cristal escucha y calla.

Los suspiros funcionan como conciliadores intermedios de las quejas.

En el buen aforismo, el exilio de nubes blancas; esa identidad curtida en la poda.

Su épica ya no será más que un jadeo, se fue desangrando en la teoría.

Cultiva un entusiasmo perenne para engañarse cada día sin contención. Es un hombre proteico en cuarto menguante.

La mezquindad hace más visible el pequeño vacío donde está.

Pavor enrarecido; el lobo de la ética sale de caza.

Las miserias son íntimos refugios; con ellas comparto los mapas secretos de la confianza.

En la madurez los instantes felices tienen algo de regalo a deshora.

Cuando muestro el colmillo blanco de mis enemigos me llaman paranoico.

Compruebo a cada paso cómo seducen las minucias.

En la reconstrucción del yo, el oficio callado de mi sombra; arrullo y labor de buena compañía.

Los escritores de pantalla digital, en una librería llegan a sentirse extranjeros.

En las rendijas de la persiana, la mirada cautelar del día. Desata los nudos negros que dejó la noche.

Entre mi sombra y yo las previsibles disonancias del roce diario.

Cuando llega la jubilación los ideales cambian de sitio, con un crujido leve. De la sombrilla a la mecedora.

Desde hace años su voluntad es una casa derruida que nunca se hace notar.

La mejor utopía de los sedentarios es la fuga inminente.

Los caminos del presente expanden la sensación de que han dejado hibernando a los dioses. En letargo perpetuo.

El pulgar del homo sedens alza una amedrentada convivencia entre dudas, vergüenza, tedio y soledad.

Quien escribe y no lee. Una soledad sin árboles.

Los cuerpos sopesan avisos de la finitud.

La velada entre niebla de quienes desconocen la decepción atrasa manecillas.

Vivía en el clima frío del miedo. Para andar por casa todo era prescindible, salvo los enemigos.

Insensatez, vanidad y rapiña; sedimentos del reciclado que convierten una pandilla literaria en antología.

Anatomías premiosas que consideran el pinchazo del alfiler un punto de no retorno.

Llagadas por el frío, en las noches de nieve, las manos ateridas no cejan en su empeño. Dibujan rescoldos.

Jactancia de campanario, suena a cada instante el redoble obsesivo del yo.

Tras el vértigo del viento, cometas con pretensiones de
Ícaro.

También el odio sufre la etapa de deshielo.

En las relaciones personales, la geología calcificada de
una alcantarilla.

Los caminos guardan la sensación de extravío, como
una posibilidad más del caminar.

Cuando me miro en el espejo, descubro de inmediato mi
entidad ficcional, el mestizaje entre realidad y ficción.

Hay pensamientos repletos de placas de hielo. Propician
la conducción temeraria.

Lírica de granito, dispuesta a convertirse en monumento ecuestre de algún parque con palomas.

Exiliados y turistas; heterodoxias del viaje.

Lo perfecto intimida; de cerca se desactiva de inmediato.

Detesto la poesía que no tiene expresión facial, pero también siento alergia por la que muestra el exceso gestual de los mimos.

Cuando la talla de la poesía se va quedando estrecha de mangas, es necesario abrir costuras.

Los aforismos son bosques sin nadie donde se guardan hogueras.

La frustración de quien no sabe que en el amor y la amistad no hay siempre.

Pretende que yo herede su criterio crítico: la rareza como jerarquía de calidad.

Cuántas opiniones levantando colinas de babel.

Fresco, sombreado, desplegando silencio y con dirección desconocida... Un lugar ideal para emplazar cementerios.

Los pasos inciertos de la amanecida recuerdan una representación de armonía volátil.

Aclara impaciente su voz el nihilista para decir que no cuenta números sino sombras.

Hay amistades que vagan con la mirada perdida, como si hubiesen extraviado el cuarto de estar común.

También la prosa tiene su lírica.

Bacterias fecales que aspiran al paraíso. Sueñan que un dios premia su esmero tóxico.

Hoy la memoria duerme, como un sarcófago lleno de polvo. El yo no se acuerda de mí.

Aseveración, con recelo, que forma un minúsculo monte de verdad: «Todos decepcionan; tú, también».

Hay máscaras tan reales que imprimen sus trazos y acaban sustituyendo al rostro verdadero.

Envejezco y olvido; sé mucho menos de mí.

Cuánto énfasis pone la realidad para que seamos a diario moderadamente apocalípticos...

Todo concluye, salvo el perenne cansancio de quien no hace nada.

Confía en ti mismo. Pero también desconfía.

Los capítulos más relevantes del diario íntimo se escriben por omisión, cobijando entre párrafos algún silencio abrumador.

Versos destemplados, que han perdido la serenidad y convierten el poema en un patio de vecinos.

Impotencia. Un director de escena asignando papeles delirantes.

La pereza hace del coeficiente intelectual una floritura.

El temblor frío de la decepción acompaña siempre.

Con tanto estrépito de sombras, cómo no despertar.

La autobiografía es un género de ficción donde soy un narrador poco fiable.

La literatura es sal común; necesita transiciones desde el singular al plural.

Agranda la pequeñez con el propio aplauso.

Como ángeles negros, mentiras y calumnias siguen
nuestros pasos. Desecan manantiales de afecto hasta
convertirlos en una ciénaga con guijarros.

Las opiniones prefieren una arquitectura efímera, que
haga fácil la reconstrucción, si se derrumban.

Cruza los brazos. Espera, sedentario, el incierto final
donde se desvanecen los pasos perdidos.

Placidez luminosa; esa coincidencia de caminar al paso
por las mismas aceras que la lluvia.

Las malformaciones de realidad se corrigen con sueños
cumplidos.

Soy el propietario hipotecado por un yo gremial.

Antiguo y lento, cuando lo abrazo huele a fósil.

Nunca está lejos esa parte de la verdad que es solo un terreno cenagoso, que sabe mantener el agua oscura.

En los años crepusculares, piel, esqueleto y músculos aspiran dedicarse a un quehacer imposible, a tiempo completo: la sensatez.

El día amaneció con cara de princesa nórdica. Cinco minutos después yo me sentía el mismísimo Capitán Trueno.

Mi sombra me precede y nunca olvido llegar después de mí.

Esa colisión entre la mirada personal y el ojo artificial del móvil. Percepción híbrida.

Cuántas religiones dispersan entre sus dogmas básicos el desorden psicótico.

Los sueños que han perdido el argumento necesitan un director de escena.

Con los años, el rostro demuestra una creciente fidelidad al verdadero yo. La versión definitiva exige tiempo.

Para llenar espejos, las palabras prestan consistencia; el silencio es humo.

Lo sé; la queja no es más que una reclusión voluntaria en el ensimismamiento.

La generosidad suele sentarse de espaldas; no esperes más que lo que depende de ti.

Todavía me sorprenden quienes piensan que la realidad es una fuente fiable.

Nadie se libra de una fugaz adhesión a la estupidez. Tras los instantes de bruma, hay que estar dispuesto a transitar el camino de regreso.

En el trabajo de destilación del aforismo, dar un molde exacto a las manchas de lo aleatorio.

Reclama la vocación de ruptura de una gota que baila; su afán por pulir cantos rodados y ejercitar beligerancias con las piedras.

Nací mucho más allá. Hace tanto tiempo que ahora no sé si soy yo.

Los sofistas crean murmullos de inquietud. Convierten las rutas exteriores de los razonamientos en escombreras.

Habla solo. Cuando calla, aguarda con impaciencia su turno de palabra.

Sea cual sea la iconografía de la carretera y el trayecto cumplido, en cada viaje permanezco en casa.

Mira. Y en sus ojos percibo suficientes vislumbres del enigma, el íntimo suceso de odiar con entusiasmo.

Antonio Machado, Blas de Otero, Claudio Rodríguez, Ángel González... Poetas, alejados del dandismo, que nunca se sientan.

Ignoro dónde, pero sé que la realidad amarra su insistencia en otro sitio.

Un escritor precoz. Antes de escribir ya se ponía a cubierto en la soberbia.

El fervor irredento de los que eligen travesías donde el porvenir no tiene expectativas.

En el comienzo visible del día, cualquier espejismo es todavía un punto de vista en construcción.

Otredad, ese lugar donde me busca un mal perdedor.

El poeta debe tener la cabeza fría y saber caminar desde el amanecer por sendas que no existen.

Dentro del aforismo la psicología del fingidor: una memoria que sabe lo que no sabe.

Soy quien ve en el sumidero la inundación que sube.

Pronombres dependientes que recomponen las escenas diarias. Más allá de los confines del yo, la distancia del tú. Y más lejos, la algarabía del nosotros.

En su factura de atrasos, la tradición comprime el tiempo entre la primera amanecida y el pesimismo crepuscular.

La piel agrietada de la intimidad como bosque de preguntas; la cultura como poda de respuestas.

Vivir; esa tregua entre dos incertidumbres previsibles.

Cualquier cosa corriente en el camino deja su huella cuántica.

La existencia indaga en la causalidad, cuando cierra los ojos.

El cuaderno de notas asume que, por décimas de segundo, una buena idea limita con la anemia conceptual.

Siempre son uno la ceniza y el fuego; ninguna alegación si mis respuestas parecen preguntas.

Ya no me quejo de mi desarraigo; soy un nómada forzoso del tal vez.

Cada errata me empuja hacia el banquillo de los acusados. Y es preferible que yo redacte mi propia sentencia.

Verdades merecedoras de sitio en la urna envejecida del museo.

No hay poetas autosuficientes. Todos precisan la pluralidad de voces.

Sus garabateos tienen el sentido pragmático del cero; una voluntad cacareante de gallina clueca.

Un buen libro de aforismos hace del lector una Ariadna dispuesta al paso firme; deshilvana ovillos, conceptuales hilos dispersos.

Los aforismos nacen del abrazo tangencial entre poesía y pensamiento filosófico. Todo está repartido desde el principio, al desgaire, abandonado en un rastro por descubrir.

La existencia es una hipótesis sin retorno; su enunciado requiere experiencia e imaginación, una luz encendida.

Conocer envejece los sentidos.

Hay trayectos complejos, de rotación absorta, que eligen la última parada del extrarradio, la inquietud de ¿y ahora qué?

La caída está en el genoma del ángel.

Cuántos horizontes, entre cielo y tierra, contienen
páginas en blanco.

Hay quien desarrolla en cada conjunto de aforismos un
zoo de abstracciones teóricas.

Descubrir que esfuerzo y error son parónimos y
mantienen una comunión nunca abolida.

Trabajó mucho para construir su teoría de la
incoherencia.

Convivencia ejemplar entre mi identidad usual y mis
desacuerdos.

Me lo recuerda el ruido manso del despertador:
necesitamos alma para que dure el cuerpo.

Pretendía no quedarse en la música del poema como valor ineludible. Ahora su poesía suena a disparo.

Los enemigos tediosos y sin pulso tensional ni siquiera parecen enemigos.

La tristeza fomenta recreadores eruditos, gente que recuerda a pie de página cuándo apareció la nada por primera vez y dónde estará mañana.

Se le ve la tiranía del fango en la saliva; cree que la razón es un zafio reglamento existencial.

Entre mi pasado y yo, la estela huérfana de una tolerancia mutua.

Nada buscan los aforismos por fuera. Necesaria obsesión por la materia ósea.

En sus líneas de luz, el vacío se sueña lleno.

Primacía de la razón: si alguien quiere escapar de un lodazal, lo mejor es tirar de sí mismo antes de hundirse.

No sabe que la identidad es un trabajo de nunca acabar, en fase de maquetación.

Su temperamento ballenero convierte cada asunto diario en una renacida persecución de Moby Dick.

Hay erosiones benefactoras: el sol cansado de la madurez mengua la necesidad del calor ajeno.

Los cínicos encierran en su casa el yo real y se pasean ante el vecindario como inalterables espejismos.
Habitan felices la distorsión de un mundo paralelo, sin semillas ni cipreses.

Es tarde. Duermo. Cuando me levanto sobreviene el grito del reloj. También es tarde.

Qué peligro el yo si se convierte en un bloque ideológico encallado.

Los lunes son días festivos en versión proletaria.

Sigue el rumbo marcado por lo imposible; ahora quiere construir una casa con paredes de lluvia.

Su sonrisa requiere un intérprete talentoso, capaz de escuchar una voz interior siempre afónica.

En el aula de Paleontología ese mito resuelto del eslabón perdido y sus características anatómicas: cerebro pequeño, estar ensimismado en la caverna del yo y un móvil de última generación.

Paga semanal de adolescente para quien piensa que la tradición es un viejo obstáculo.

Perseverancia. Siguen juntos, atados a la roca de un destino común, aunque no recuerden qué une sus existencias.

Miró la ropa interior con los ojos de un combatiente de primera línea.

Una sombra tantea el suelo buscando adrenalina.

Los transportes públicos premian su lentitud con academias de observación costumbrista.

Cuánto desconcierta lo que somos, esos personajes abstractos con plena incidencia en lo concreto.

Una obsesión hecha de musgo viejo: abrir el día por la página del optimismo.

Los conformistas confían en el quehacer de una degradación estable, con contrato indefinido.

Pactar con los errores para que amolden el tiempo compartido a un horario de visitas discreto.

Siento el vendaje ajustado del tiempo, cuando acaricio las publicaciones en papel como anacronismos.

El fermento subversivo encubre los gritos que aspiran a convertirse en pancartas.

Tan mísero que las migas de pan, sobre el mantel, parecen ensoñaciones fuera de lugar.

No conozco tu ausencia; también estás conmigo cuando no estás.

Una sobredosis de duermevela; la felicidad circunstancial y añeja de quien recorre los amurallados entornos del primer amor.

El sentido del humor cita a Samuel Beckett como autor cómico.

La vanidad se oye hablar a sí misma con letras mayúsculas.

Sale al sol la imaginación y nunca busca sombra a sus divagaciones.

Endogamia imberbe y aspirante a las lecciones de ceniza del poeta fundacional.

Para odiar hay que invertir mucho tiempo en el quehacer teórico.

La constancia del yo es geometría proyectiva; desde sí misma traza circunferencias cuyo centro está en ninguna parte.

Extremar el cuidado al reconocerse. Entre el poeta cósmico y el poeta cómico solo hay un siseo.

Dueño de una voluntad que cava hondura en el vacío.

El ego se percibe ante el espejo como suma de renglones imborrables. Caligrafía perenne, cuyos trazos atesoran las causas y efectos de todas las cosas.

En el imaginario crítico vanguardista una buena antología aspiraba a rosa polipétala.

Desconecto y me pongo fuera de cobertura si percibo que la existencia gira en torno al móvil. Sin datos ilimitados mi ensimismamiento contradice a Campoamor: «Se puede vivir en un tiempo y respirar en otro».

Conmigo soy nadie. Contigo lentitud, avance al soy.

No veo la capacidad seductora de las palabras gesticulantes, empeñadas en hacerse callar.

Épica en las estatuas dormidas, atenta solo al reloj biológico de la intemperie.

Cuánta emulación de la gastronomía hay en la crítica literaria, cuando juzga condimentaciones e ingredientes del poema.

La fiel infantería de cada soledad al borde de los años: sombras, fantasmas y ausencias.

Las discrepancias nos sitúan ante una rendija, una grieta de luz que muestra sombras.

Mis ojos salen del telediario con el miedo de un jilguero apresado en la red.

Buscan sin desmayo en la mirada del futuro puntos ciegos.

El azar amaña temperamentos paternalistas con la perplejidad; compensa la débil musculatura de algunas causas con efectos imprevistos.

Cuando la soberbia intelectual descarta correcciones nacen antologías del disparate.

Volar sobre la punta de los pies, si el suelo es humo.

La inteligencia emprende oficios de alpinistas curtidos. Son muchos los que miran con desazón la cima desde lejos.

Esa habilidad de quien rellena la mentira con materiales fiables.

Gravita en sus palabras una tolerancia bonancible. Siente la humedad del suelo pero nunca rastrea las goteras.

Con Ricardo Piglia: «la lectura es un asunto de óptica». Y en casa del oftalmólogo son visitantes habituales los defectos de luz: la miopía, el astigmatismo, la presbicia o la conjuntivitis.

Si miras con atención el lugar que ocupas, donde estás no hay nadie.

Para recordar la solución, solventa enigmas descifrados.

Los renacuajos boquean con la pretensión desmedida de absorber la laguna dentro de sí.

Cuánta convivencia forzada entre multitud y razón.

En el apagado discurrir del tiempo, el adán primigenio aguarda todavía la manzana.

Las humanidades mantienen una dificultosa relación con las destrezas matemáticas; con gesto nostálgico, los poetas cuentan sílabas con los dedos.

El monstruo que me habita habla de mí.

El verbalismo artificioso encala la escritura; pinta fachadas de víspera de feria.

La gratitud se hace madeja si apelmaza hilos de escarcha.

Horas de víspera; aseguran un tedio prometedor hecho de puntos suspensivos e intriga novelesca.

Dijo no y alarga a cada paso la perífrasis.

En el bucolismo, la espontánea colaboración de una coral diversa y ecológica. Abrevan en la claridad del manantial piedras, juncos, pájaros, nubes...

Cuando la herida es cicatriz, carne tranquila. Senectud.

Lo más visible de la estupidez es la generosa saliva que utiliza para mostrarse.

Nunca saciado, busca en la sombra matices cromáticos.

El angosto ahora vislumbra el pasado como avenida de múltiples carriles.

En las conversaciones con desconocidos los intermediarios más eficaces son la elusión, la sensatez y el silencio.

Empeñado en un quehacer de plomo, afanoso convierte el sopor en posteridad.

La juventud conjuga verbos; la madurez se inclina por los complementos circunstanciales.

La poesía es un yo caligráfico angustiado por su propia identidad.

Larvas que miran al gusano con condescendencia mientras sueñan con el cercano porvenir como polillas.

Cada rutina esconde su rareza.

Hay proyectos libélulas, sin contornos precisos. Levitan tendidos al sol entre juncos, al borde de la niebla.

Rumia su aversión a la lógica, mientras embiste. Un pensamiento único y en continuas tareas de agitación.

Sabe aceptar disculpas; mantiene con la sordidez una amistad vitalicia.

La autonomía imaginativa del sueño requiere folios digresivos por su inclinación a lo imposible.

El subconsciente poético confía en el potencial de los precursores.

Puntos de fuga. Nostalgia dispersa por lugares que no existen más que en su misterio.

En la línea de costa de cada conciencia inéditas aleaciones de cangrejo y medusa.

Estreno propósitos: subir a la llanura del mar en calma las viejas traviesas del tren.

Cuento sin respirar. Cierro los ojos. Cuento. No aguanto mucho. Cuando los abro, el mar escribe otro párrafo.

El cieno compacto de tanta crítica constructiva.

El mar y yo; ese ayuno verbal simultáneo, recuerdo de Antonio Porchia.

Los espejismos cuidan la apariencia; se revisten con destreza polisémica.

El niño mira el mar como si tuviese en sus ojos un microscopio.

Cuando la tristeza descifra, el amor y la amistad adquieren valor provisional.

Cambio de piel. Una presencia nueva, proclive a la torsión, que se mira la espalda.

En el camino de lo cotidiano, máscaras insomnes calcando la identidad.

El absurdo en clave de física: hormigas arrastrando hojas que centuplican su tamaño.

Hubo un tiempo que imaginé el futuro como un acertijo desapacible. Entonces, mi ego era una esfinge y quería respuestas inmediatas.

En la calle, el peculiar trasiego de los transeúntes invisibles.

Cuando amanece, una armadura ética deshabitada y sin pulir.

En el avance argumental del aforismo las dudas parecen certezas.

Su salud tantea la silueta de un ciprés al pie del cementerio.

El cerco de obligaciones nos convierte en sujetos amorfos, con habilidades estériles.

Su consejo permanece intacto y lo retomo: «Cuando llegues a la cumbre del aforismo, sigue subiendo».

Una puerta tapiada que acepta, con entera sumisión, a quienes alquilan imposturas.

La edad sigue juntando argumentos ambiguos, cuentos donde nunca sabemos qué pasó después.

Al final, la esperanza, ese largo trayecto hacia la arqueología de mañana.

Voces, cohetes, aflorismos, breverdades, pecios, relámpagos, pepitas, aerolitos, ideas líricas, luciérnagas, vilanos, migas de voz... La terminología aforística mantiene una incontenible floración tropical.

Arquitectura subversiva que contiene la esencia: menos es más.

Todo final es el punto cero de un comienzo.

Miro alrededor y nada digo. Otra vez la rutina se desplaza en órbitas extrañas. Su mano talla el agua.

Los aforismos desmigajan. Ponen sobre el mantel las sobras limpias de un pensamiento.

Huyo de la osificación y el pensamiento fósil. La heterodoxia es impulso vital.

Quienes se disfrazan de sí mismos aciertan. Pasan inadvertidos. Se convierten en simples ilusiones ficcionales.

Ser feliz; mediodía de pulso irregular que ya no es lo que era.

Un grifo mal cerrado

En el goteo de mis pasos personales por el aforismo persisten algunas claves de taller. El rincón expresivo de *Oficio de callar* recompone la voz de quien mira el mundo, aunque haya extraviado las gafas. En él confluyen el azar poético, la cadencia de la reflexión moral, el pensamiento crítico y esa percusión puesta a resguardo sobre el discurrir. En suma, un muestrario capaz de reflejar, con mínimos materiales, la sensibilidad escindida del yo pensante contemporáneo.

Son pautas que también habitaban en la caligrafía de *Mejores días* (De la Luna Libros, Mérida, 2009) *Motivos personales* (Ediciones de la Isla de Siltolá, Sevilla, 2015) y *Planos cortos* (2021). A ellas regreso, sin que exista por ello ningún desplante a la originalidad. No desconcierta asumir que el extravío es un itinerario circular, un rodeo pactado, un merodeo reincidente que descubre que el norte, pese a su apostura, nunca ha estado en el mismo sitio.

Lo que singulariza *Oficio de callar* es que su escritura coincidió largo tiempo en la mesa de trabajo con la elaboración de un estudio-antología sobre el aforismo español contemporáneo. La edición de aquella obra, *Paso Ligero. La tradición de la brevedad en castellano (Siglos XX y XXI)*, exigió investigar voces distantes y las generadoras y complejas circunstancias históricas de época;

por tanto, la relación de mis textos con el legado hispano es mayor, más asentada. Asumo de buen grado el orden impuesto por la tradición, su enredo de caminos equívocos. Nadie es autosuficiente ni camina a solas hacia el amanecer. Somos un cúmulo aleatorio de lecturas y experiencias.

El pulso ordenador de algunos tramos es la intimidad. Habla una voz confesional entendida no como testimonio de vivencias privadas sino como puerta de acceso a una escenografía subjetiva. En esta indagación se fortalece la transparencia expresiva; el empeño de reducir lo transitorio al justo perímetro verbal. La esencia y lo liviano acuerdan puntos de intersección, propician un equilibrio armónico que dicta el orden natural de las cosas.

Hace años que la realidad, a pesar de sus juegos retóricos, se muestra tal cual es: una piel con incisiones, donde se citan los indicios más perdurables del transitar. Mis aforismos están construidos con la insistencia del grifo mal cerrado; en ellos encuentran consenso motivos que alzan un escenario por donde deambula el buscador de puertas del laberinto.

Transparente y anémico, el aforismo actúa con percusión nocturnal. Aísla pulsiones del pensar; construye enigmas que alteran la superficie del silencio. Su destreza mide las palabras con humildad, las despoja. Trata de aprender el saludable oficio de callar.

JOSÉ LUIS MORANTE

LISTA DE GRATITUD

Este libro es para Adela, que dispersa en mis horas los instantes de luz.

Lo inestable se hace suelo firme si están conmigo Aarón, Asier y Luna, que me llevan de la mano hasta la infancia.

Antes y después mis hijas, Irene y Ana, compartiendo amanecidas con Javier y Matías.

Estas páginas de aforismos despertaron por la voz amiga de Francisco Caro, quien cobijó en Mahalta una manera de perseverar.

Esta edición
quedó dispuesta para la tinta
en marzo de 2026